IL EST ENCORE

DES

ARISTOCRATES,

OU

RÉPONSE à l'infame Auteur d'un Ecrit intitulé : Découverte d'une Conſpiration contre les intérêts de la France.

IL EST ENCORE DES ARISTOCRATES,

OU

Réponse à l'infame Auteur d'un Ecrit intitulé : Découverte d'une Conſpiration contre les intérêts de la France.

Vil ſuppôt de la plus horrible ariſtocratie, qui prend le maſque du patriotiſme pour flétrir les amis de l'humanité. Monſtre qui oſe ſoutenir le meurtre, le brigandage & l'aſſaſſinat, & qu'il eſt utile & bon d'immoler des millions d'Africains, pour aſſouvir l'avarice de quelques Colons & de quelques Armateurs ; digne Avocat des antropophages Négriers, ces exécrables pirates, qui vont en Afrique exciter des guerres cruelles, & en enlever les habitans. Misérable, réponds? où as-tu été puiser les abominables calomnies que tu vomis, contre des hommes dont tu n'es pas même digne d'oser prononcer le nom?

C'est à des cœurs François que je m'adresse; (dis-tu) *ô mes Concitoyens, ouvrez les yeux & frémissez; une secte* (les amis des Noirs) *que l'Angleterre a machinée pour la destruction de la France*..... Crois-tu donc en imposer! & qui ne sait que les Colons Anglois, dont le Gouvernement va défendre incessamment le commerce des Esclaves, en disent autant de nous, & assurent à Londres, que ce sont les François qui engagent les Parlemens à l'abolition de la traite.

Toutes les sectes du monde, (ajoute cet insensé) *ont un mystere qu'elles ont grand soin de voiler par le principe de la morale la plus pure & la plus séduisante.*

Le mystere de la secte dont je parle, est le même que celui de la secte des Illuminés, des Martinistes & des Caglioftro.

Il emporte avec lui la destruction de toutes les Religions, de tous les Empires, de toutes les formes du Gouvernement.

Cette secte s'est établie à Paris sous le titre

modeste & spécieux de société des amis des Noirs.

Les plans de cette horrible Société, sont vastes & profonds, & sous le voile de l'humanité, de la liberté, elle prétend mettre l'Univers en combustion.

Elle doit travailler en révolution, (ce sont ses expressions) *toutes les parties du globe, excepté l'Angleterre.*

Dis, lâche valet des bourreaux de l'Afrique, étois-tu en délire, lorsque tu as écrit ces lignes : une Société qui n'a gueres que 800 liv. à sa caisse, qui ne s'assemble que tous les mois, qui n'a vu qu'une quinzaine de Membres à sa derniere Seance, quoiqu'elle en ait près de 200, une pareille Société est-elle bien redoutable ? peut-elle *travailler toute la terre en révolution, & causer des révoltes dans les Colonies?* Une Société qui compte parmi ses Membres, Sa Majesté le Roi de Pologne, les Marquis de la Fayette, les Prince de Beauvau, les Ducs de Charost, de la Rochefoucault, d'Havré, les Syeyes, & les plus honnêtes gens de Paris ; est-elle composée de conspirateurs, d'assassins, de scélérats, comme tu l'ose dire ensuite ; j'en prends à témoin les hommes respectables que je viens de nommer, si jamais parmi les amis des Noirs, on a traité d'autre ſujet que la traite & l'eſclavage, je te reconnoîtrai pour un homme d'honneur. Dis, infame calomniateur, pourquoi dans la liſte que tu as donnée, as-tu omis toutes ces perſonnes & d'autres non moins conſidérées, & pourquoi y as-tu ſubſtitué une foule de noms honorables, peut-être, mais que la Société n'a jamais connus, entr'autres ceux de MM. de Mirabeau, de Robeſpierre, &c. &c.; & pourquoi n'as-tu pas dit que l'on y comptoit pluſieurs riches Colons, qui certainement ne voudroient pas ſe ruiner en faiſant révolter les Négres ?

Braves Citoyens, vertueux Patriotes, à qui ce traître en impoſoit, votre tâche n'eſt pas finie, il eſt encore des Ariſtocrates, il eſt une ariſtocratie mille fois plus odieuſe que celle des Nobles, celle des riches Colons blancs, envers leurs freres, envers leurs eſclaves, & envers les gens de couleur libres, qui ſont auſſi nombreux que les Blancs dans les Colonies, & qu'ils traitent comme des brutes, qu'ils n'admettent à aucune charge, à aucun emploi, quoiqu'ils ſoient plus braves, plus intelligens, & plus utiles à la Patrie (1).

---

(1) On ſait que dans la derniere guerre, la Milice

Citoyens, c'eſt en vain que ces Colons veulent vous perſuader qu'ils traitent bien leurs eſclaves, par intérêt. Les ſexes ſont en nombre égal à Saint-Domingue, & cependant il leur faut tous les ans 25 mille Négres nouveaux, & tous les ans la population diminue d'un ſeizieme, quoiqu'elle augmente parmi les Négres libres, & dans pluſieurs habitations, où il y a autant d'épidémie & de libertinage, que dans les autres : donc on pourroit ſe paſſer de la traite, ſans ruiner les Colonies, & c'eſt en pure perte qu'à Saint-Domingue, ſeulement, on aſſaſſine tous les ans 25 mille hommes. Sans doute il faut que les eſclaves ſoient bien malheureux, pour qu'il périſſe proportionnellement plus d'hommes dans les Colonies, que dans des hôpitaux où il entre beaucoup d'incurables (1); ſans doute, ſi l'on n'adoucit pas leur ſort, des hommes ſi indignement outragés, &

Blanche des Colonies a reculé à Savanak, où les gens de couleur ſe ſont très-bien montrés; non-ſeulement ces gens de couleur, mais même les neuf dixiemes des blancs n'ont pas été réduits aux aſſemblées d'élection, parce qu'il falloit pour cela poſſéder 25 Négres; quelle ariſtocratie! & on dit que leur députation eſt légale!

(1) Voyez ce calcul très-bien fait, dans l'ouvrage de M. Froſſart, en faveur des Africains.

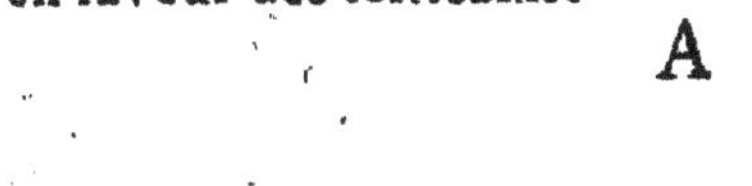

qui ſont dix fois plus nombreux que leurs oppreſſeurs, entendant de tous côtés le cri de la liberté, ſe révolteront avant peu, & nous enleverons les Colonies. Quelle perte, Citoyens! & ſavez-vous quel eſt le but des amis des Noirs? *c'eſt de vous conſerver ces Colonies*, qu'on dit qu'ils veulent détruire, & en même-tems d'épargner tous les ans le ſang de plus de 150 mille hommes Africains & Européens. Ils ont déclaré mille fois qu'ils regarderoient *comme des ennemis du bien public, tous ceux qui tenteroient de faire révolter les Noirs.* Ils demandent ſeulement, que l'on aboliſſe la traite, ce commerce infame, qu'il eſt honteux pour nous, que la France n'ait pas encore proſcrit, & que l'on ne peut laiſſer ſubſiſter un inſtant, ſans autoriſer publiquement le brigandage & l'aſſaſſinat, & ſans approuver les forbans d'Alger & de Maroc, mille fois moins coupables que les Armateurs négriers.

Ils diſent qu'il eſt très-faux que l'abolition de la traite fit mourir de faim *cinq millions de François*, puiſqu'ils ſubſiſtent pendant la guerre, où la traite n'a pas lieu, & que d'ailleurs on enverroit autant de vaiſſeaux en Afrique, qui en exporteroient au lieu d'hommes, de l'ivoire, des bois de teinture, mille autres denrées, & bientôt du sucre, du café & des épices, que ces climats peuvent produire en abondance.

Ils demandent que pour encourager les Colons à l'humanité, on distribue tous les ans à ceux dont l'attelier sera le plus augmenté par les naissances, les 2 millions 500 mille livres destinés sous le nom de prime, à encourager le brigandage, & pour être le prix de la plus grande scélératesse, accordés aux Armateurs, qui, à force de forfaits, ont le plutôt completté la cargaison de leurs Navires (1).

Ils demandent, non que l'on affranchisse les Négres, ce qui est impossible à présent, mais que l'on donne aux esclaves laborieux la facilité de pouvoir se racheter comme en Espagne, où ils peuvent disposer de deux jours de la semaine, & avec ce qu'ils gagnent dans ces deux jours, en acheter un troisieme, un quatrieme, & ainsi se rédimer peu-à-peu, sans faire tort à leurs maîtres.

---

(1) Cette idée est de M. Raymond, homme d'esprit, & Député des *Colons Américains*, ou *gens de couleur libres*, qui posséde plus de 100 esclaves, quoique les Colons François affirment qu'il est esclave lui-même.

Enfin, les amis des Noirs disent & prouvent, que les Négres se révolteront certainement, si l'on n'améliore pas leur condition, & que puisque toutes les loix que l'on a faites pour cela ont toujours été sans vigueur, & que les Colons assurent eux-mêmes qu'il est nécessaire, pour leur sûreté, qu'ils aient une puissance illimitée sur leurs Négres, il n'y a d'autre moyen, pour que les Négres soient plus heureux; (*& par conséquent pour empêcher une révolte*) que l'abolition de la traite, parce qu'il est évident que les Colons seront forcés de ménager leurs esclaves, quand ils ne pourront plus les renouveller.

Citoyens, tels sont les forfaits des amis des Noirs, mais avant que leurs ennemis les Colons & les Armateurs, fussent réduits à ne dire que des injures, voyons ce qu'ils alléguoient pour leurs défenses.

Il y avoit, disoient-ils, autant de guerres, autant d'esclaves en Afrique, avant qu'ils y abordassent. Quelle horrible fausseté! Lorsque les Peuples d'Europe sont en guerre, & qu'il n'y a pas de traite, tous les Africains sont en paix, ce fait est prouvé. Et dans la guerre qu'ils excitent entre les Princes de Guinée, afin qu'ils aient des prisonniers à échanger contre leurs marchandiſes, pour ſe procurer des centaines d'eſclaves, ils font périr des milliers de ces malheureux; ainſi, en portant toutes les années 26 mille Noirs à Saint-Domingue, ils cauſent le trépas de plus de 150 mille; ils en mettent au déſeſpoir un bien plus grand nombre encore.

Quelle inconſéquence à ces hommes, de prétendre à intéreſſer !... Les Colons, qui, preſque tous, habitent en France, ne ſont pas moins inconſéquens; un grand nombre en ſoutenant la néceſſité de la traite, conviennent que leurs gérans ſont ſouvent cruels envers les Négres, & que, s'ils étoient eux-mêmes ſur leurs habitations, ils n'auroient pas beſoin d'en acheter; ainſi, pour procurer à ces Meſſieurs, le plaiſir d'avoir l'opéra, il faut aſſaſſiner tous les ans, 25 mille hommes à Saint-Domingue, 150 mille en Afrique, ruiner notre Marine, & faire périr des milliers de matelots, car de tout tems ce commerce en a conſommé quatre fois plus que les autres.

Colons, Armateurs, vous tous, intéreſſés à ce carnage, & qui oſez l'excuſer, ah! croyez-moi, n'entrez plus en lice, n'écrivez plus, ne vous montrez plus au grand jour ; vous savez combien votre cause est horrible, que l'opinion publique est contre vous, & que vous ne pourriez alléguer que des faussetés, des calomnies, dont la honte, bientôt, retomberoit sur vous-mêmes ; contentez-vous d'intriguer dans le silence, & à force de mensonges & de bassesses, de tromper, s'il se peut, le Gouvernement, comme vous l'avez fait jusqu'ici ; ou si vous osez encore faire entendre votre voix, tremblez que les amis de l'humanité ne soient enfin obligés, pour leur propre sûreté, de faire connoître tous vos crimes, & d'en indiquer les auteurs.

O mes Concitoyens, vous frémiriez si je vous apprenois la centieme partie de ces forfaits, si je vous disois qne l'on a vu, que l'on voit tous les jours des Capitaines de Navire, lorsqu'ils craignent de manquer de vivres, ou qu'ils ont des esclaves de peu de défaite, en faire périr un grand nombre dans les flots ou par le poison. Si je vous disois que l'on a vu, que l'on voit tous les jours, des Colons brûler, empaller, mutiler, enterrer vivans des Négres, & n'être pas moins considérés ; tous leurs Compatriotes les connoissent, ils savent de qui je veux parler, qu'il ne tient qu'à moi de les nommer, & ce sont des gens qui s'engraissent de sang humain, qui ne vivent que de meurtre & de brigandage, qui veulent être despote chez eux, y exercer la plus infernale aristocratie ; ce sont ces hommes qui osent parler de Patrie, de liberté, d'humanité, & s'il se forme une Société d'hommes honnêtes & modérés, qui, sans les nommer, sans les compromettre, sans nuire même à leurs intérêts, entreprennent de mettre un frein à leurs cruautés, ils invoquent contr'eux le ciel & la terre, ils s'efforcent de noircir leur réputation par les plus absurdes calomnies ; ils menacent de tuer le Président de cette Société ; ils menacent sans cesse, & dans tous les lieux publics, de tuer tous ceux qui feront à l'Assemblée Nationale une motion tendante à adoucir le sort de leurs esclaves ; encore tout couverts du sang de ces infortunés, ils dénoncent au Public, comme des assassins, des scélérats, des conspirateurs, ces hommes de paix, qui n'ont pour but que l'intérêt de la Patrie, & de l'humanité.

Peuple François, souffrirez-vous plus long-tems l'incroyable impudence de ces forcenés, qui s'efforcent de vous tromper, & de vous armer contre vos plus zélés Défenseurs ; ah! sans doute, ils ne recueilleront que le mépris dû à leurs trames exécrables. Gardez-vous cependant de confondre avec eux tous les Colons, la plupart de ceux que vous voyez ne connoiſſent pas les Colonies, ils ne ſoutiennent les autres que par une ſorte de décence, & s'ils ſavoient les atrocités qui s'y commettent, pluſieurs penſeroient comme les amis des Noirs. Peuple François, contentez-vous de les plaindre; & vous dignes Légiſlateurs de la France, après vous être illuſtrés par tant de Décrets patriotiques, ſouffrirez-vous plus long-tems, le brigandage horrible de la traite? Oui, ſi vous prononcez anathêmes contre cet infame commerce, & ſi par-là, vous ſauvez tous les ans la vie de 150 mille de vos ſemblables, les amis des Noirs ſe conſoleront aiſément de toutes les injures, de toutes les calomnies que la haine & la cupidité vomiſſent ſans ceſſe contr'eux. Ils ne vous engageront pas à châtier ces inſenſés, qui s'emportent juſqu'à les menacer, juſqu'à vous menacer vous mêmes; ſi leur délire n'étoit pas dangereux, ils ſe contenteroient, comme ils l'ont fait, de les regarder en pitié (1); mais ſi ce

(1) La Société des amis des Noirs ayant délibéré dans

délire augmente, s'il ſe change en frénéſie, ils vous ſupplieront, non de les faire punir, mais d'ordonner qu'on les enchaîne, & de les faire traiter juſqu'à ce que la raiſon leur revienne.

ſa derniere aſſemblée, ſur l'Ecrit dont il eſt parlé, a arrêté qu'il ne méritoit pas de réponſe.

www.ingramcontent.com/pod-product-compliance
Lightning Source LLC
LaVergne TN
LVHW052040160826
845678LV00003B/1448

* 9 7 8 2 3 2 9 6 2 2 5 7 6 *